Un Amour, Un silence

En amour, un silence vaut
mieux qu'un langage.

Edition : BoD - Books on Demand
12/14 rond-point des Champs Elysées, 75008 Paris
Imprimé par Books on Demand GmbH, Norderstedt, Allemagne
ISBN : 9782322095865
Dépôt légal : janvier 2018

Chap 1 :

La politique à 20ans

Elu, choisit, se montrer démocrate loyale et sans heurts.

L'affrontement sanglant d'un pays joue défaut à vos armes.

Choisir un pays, c'est se montrer Roi.

Vivre une vie d'amour, c'est se montrer humble.

L'affirmation de la popularité, c'est une délégation de compétence.

A vous, bien à vous, le risque est là.

Le pouvoir s'est être prêt à se desservir des autres et gérer les impôts pour par l'aide de sa hiérarchie devenir un gestionnaire hors pair.

Une perception

L'œil sur la politique

Un monde aux divers
atouts

Une perception de notre
monde qui par ses atouts
majeurs est force de la
puissance humaine.

L'œil sur la politique

Elu, choisit, se montrer démocrate loyale et sans heurts.

L'affrontement sanglant d'un pays joue défaut à vos armes.

Choisir un pays, c'est se montrer Roi.

Vivre une vie d'amour, c'est se montrer humble.

L'affirmation de la popularité, c'est une délégation de compétence.

A vous, bien à vous, le risque est là.

Le pouvoir s'est être prêt à se desservir des autres et gérer les impôts pour par l'aide de sa hiérarchie devenir un gestionnaire hors pair.

La hiérarchie française et non la monarchie césure l'administration française en trois palliers : commune, département et Région.

L'administration d'une commune se compose d'un conseil municipal de 11 membres élus au suffrage universel. Le maire et ses deux adjoints sont élus entre ses pairs. Par cette collaboration est rédigé l'ordre du jour.

Chaque année, les comptes publics sont votés. Les recettes de l'Etat sont globalement des impôts mais aussi des revenus industriels et commerciaux issus du fonctionnement du service public. Pour équilibrer les comptes et permettre à la commune d'investir, des subventions de l'organe de contrôle soit le département ou la région sont versés. Les dépenses de l'Etat sont le plus souvent des travaux émis sur le service public pour assurer la sécurité. L'administration a en charge la continuité du service public tel la santé, les écoles et les services. La salubrité, la sécurité, la santé, la continuité du service public sont les valeurs pris en charge par l'administration.

   Par exemple, le Maire peut réaliser l'entretien des voies publics et même ordonner la restauration des biens publics. Néanmoins, tout ne peut être réalisé, les décisions sont soumises à l'ordre du jour et nécessite l'unanimité. De plus, la dette de l'Etat doit être équilibré, la balance des recettes et des dépenses doit chaque année atteindre zéro sinon la dette ne peut qu'être imputée aux citoyens par une majoration des impôts.

C'est au moment où je revenais à Paris que vivant à Montmartre, je découvrais le bonheur de percevoir l'art, le cinéma, la sculpture de Rodin, la Joconde de Vinci, le mur des je t'aime en toutes les langues et la place du tertre où on venait se faire dessiner un auto-portrait.

Dans cette effervescence et ce rythme parisien où je ne dormais plus. Mon père par son silence me donnait l'envie de découvrir ce que cachait Paris. Et à présent, vivant dans un petit pays perdus en champagne, j'ai compris que la tour EIFEL, l'opéra Garnier et le panthéon sont autant de monuments qui gravitent à Paris et font de cette ville un monument à la fois inconnu, grand et petit, riche et pauvre.

Je commençais des études bien sinueuses au Panthéon. Je découvrais la complexité du droit, j'effleurais la politique et je faisais du buissness en travaillant dans une banque.

Je me trouvais par hasard au milieu d'une équipe. Ce deviendra de vraie amie avec qui j'ai vécu les plus forts, beaux, enivrants, intenses moments de ma vie. Amélie m'approcha en premier. Elle me taxa une clope. A l'époque, je fumais. Xavier a la fin de la journée de cours nous approchait pour aussi une clope. Alors je soufflai à

Amélie : « Sort avec, propose-lui une invitation » C'est alors que Amélie obtenu un rendez-vous. Xavier squattait un apart au panthéon à côté du Sénat à saint germain des prés. Puis le lendemain, le cours commença avec ce qui se révéla être le père de Nicolas Sarkhozy qui nous enseigna le droit constitutionnel. Je découvrais David avec les clefs de la plus belle voiture à la main, un beau brun italien et je l'invita à la première soirée FACO aux planches qui devint notre QG du jeudi soir. Alexina apparut ensuite lors des épreuves de contrôle de connaissance, ce fut la seule à obtenir le BAC+5.

A notre premier colloque, nous découvrons le droit international. Là je redécouvrais la ville comme Villepinte qui repeindrait la ville, pleins

de coloris pour donner de
l'amour à un pays.

Abolir l'esclavage,

Donner une maison à
chacun

Pas un mur de béton en
pleine ville,

Eduquer le respect des
minorités,

Ne pas confondre un être
humain et un terroriste,

Ne pas assimilé tout à une
ethnie,

Combattre le Facisme

Et exterminer le racisme.

L'Europe se bat contre les
états Unis, la Russie,
la Turquie, la Chine et
l'Afrique alors pourquoi se
donner trop de mal.

La géopolitique affirme la
guerre. Pourtant ben
Laden est mort et la paix à
Jérusalem a fait ses
preuves mais la guerre
reprend au lance -
roquettes

désespérément...

La chine émerge à 2/10eme le prix de l'euro.

Le Kuai, c'est l'affirmation de vivre en chine. La chine est un amour d'enfance qui par le bronze,   la porcelaine et la soie se mesure par ses capacités artistiques. Cette langue est un art abstrait du dessin avec un réel calque au réel.

  Jérusalem est un pays où
pour les juifs qui n'ont pas
de terre, la maison de
Jésus leur est ouverte. La
guerre de Jérusalem et
mon amitié pour David,
m'ont fait prendre
conscience que les tirs de
missiles tuent des enfants
chaque jour. Le Hamas ne
fera jamais la paix.
L' Allemagne par Hitler a
aussi décimé ce peuple .
Cet homme a rendu ce
Peuple bien barbare.
L'Allemagne a fait payer

plus chère la faute aux juifs et la Belgique, l'Angleterre la France et les états unis se sont unis pour abolir ce génocide. Les témoignages comme celui de Primo Lévi montre bien l'horreur de ce fléau dans les camps d'extermination. Plus facile de faire payer un noir qu'un blanc. Ma haine pour les allemands malgré Amélie m'ont fait prendre conscience que le fascisme est à abolir. Comme l'a fait

Nicolas Sarkozy en virant Marine le Pen par un recours au conseil constitutionnel de sa possible candidature aux élections présidentielles. Le Fascisme est à abolir et c'est en 2012, après la guerre 39 45 que l'on abolit le fascisme du pays par le terme international. Hollande est élus.

Mais le terrorisme a frappé Paris et déclare sa haine à la démocratie. Marine le Pen a gagné les élections européennes au Parlement européen situé à Strasbourg. C'est une femme forte, bien plus diplomate que son père. Elle a gagné les élections européennes et *se joue par son slogan: bleu marine oui à la France non à la gouvernance ?

En mars 2012, trois enfants juifs se font tués à la sortie d'une école à Toulouse par un Afghans jeune de 23 ans mort

après le raid. Il revendique
le crime pour la Palestine
mais ces attentats
méritent de dire que la
haine envers les juifs est
cruelle, violente et
manque de règles.
S'attaquer à des enfants
marquent un manque
certain de courage et une
haine sans foi ni loi.

A présent, le 11 janvier 2015, l'attentat contre le Charlie hebdo montre le début et non la fin des attaques terroristes qui seront les plus sanglantes de l'histoire de ce siècle : 17morts dont la cible : Charb un dessinateur qui par ses représentations de Mohamed étais la cible d'Al Quaïda.

On s'attaque à l'art qui peut parfois choquer mais qui se montre réel face à la terreur que veut développer l'Islam. L'Art qui s'est moqué par ce portrait de Mohamed alors que la règle de l'islam est de ne pas montrer de visages. Dieu n'a pas de visage, Ma femme est Dieu, son miroir alors elle se voile.

  Des journalistes, des israélites ont été massacrés par un groupe de terroriste tout droit formés au Yemen et en Syrie, là où Al Quaïda recrute des troupes pour atteindre le cœur de L'EMBLÈME de la démocratie et elle a touché le symbole de la liberté par ce journal. La France est une unité de Peuple de toutes nationalités. Il va falloir revoir nos cours d' histoire qui retrace par la haine d'Hitler, une haine sans foi contre les juifs. Hollande est un chef d' armée. Il fait la guerre en Syrie et au Mali, la population française déjà très pauvre s'est sentie heurté par ces guerres. Et le terrorisme prend une dimension héroïque. La Turquie et l'Iran marche en l'honneur de ses héros. Ce dimanche toute la France a marché en SILENCE en compagnie de Grand chef d'Etat comme l'Allemagne, les Etats Unis ou la Palestine. De part, l'octroi du territoire de la Palestine, les européens en sont considérés par l'état musulman comme les

alliés des israélites. Alors on touche à l'intellect de la France, à son histoire, à sa créativité, à ce qui fait sa grandeur. Tout le monde marche mais maintenant, a peur. On se sent seul, très seul, on se sent différent et martyrisé.
C 'est un triomphe pour le peuple musulman, il se dit fanatique mais le terrorisme c'est leur sang. Il se sente par le Facisme du peuple français bien étranger à la France. A

présent, ce vendredi 13 nov, le Daech, le fanatisme Islamique s' attaque à Paris: le bataclan, une salle de concert, le stade de France où se trouvait François Hollande et des cafés à République. Il y a eu cette nuit noir 128 morts. La France est entrée en État de guerre contre la Syrie. Le silence de la France a dépassé l'Europe. Un climat de terreur a envahi la France.

Les terroristes ont explosé.
Le but était de terrasser la
France. A présent,
l'Europe, les États unis et
la Russie se sont alliés et
mènent des frappes en
Syrie pour éradiquer le
terrorisme fanatique et
leur camp d'entraînement.
Cette attaque comme le
World trade center
montre que désormais les
guerres changent
d'ennemis. C'est
désormais le nord contre
le sud.

La Lybie, l'Iran et Israël et
l'Afghanistan sont frappés
depuis 20ans pour
éradiquer l'islam salafiste.
Désormais prions et
rêvons d'un monde
meilleure.

C'est le monde de Paris,
ville lumière qui m'ouvra
les portes de l'écriture,
l'art sous tous ses aspects
et mon goût pour les chefs
d'œuvre de tout temps. La
photographie fut
l'opportunité de m'éclairer
sur l'histoire de mon père.
Architecte, élève des
beaux- arts, sculpteur
maîtrisant la pierre sous
toutes ses formes jusqu'à
illustrer la nébuleuse de
Van gogh sur une
mosaïque reproduisant

par ce trait, un village
perdu dans la France. Mon
pays, mon doux pays ,
cette montagne a l'eau si
pure qui me redonne à
chaque passage force et
vie.

Moi, j'étudiais le droit à
ASSAS, Panthéon Paris 1.
Une grande école où le
président et les députés se
jouaient de nous pour
essayer malgré tout à
m'inculquer l'analyse de
l'information et l'écriture.
Le père de Sarkhozy était

mon professeur.

Il enseignait le droit administratif. Alors je décidais d'intégrer l'UMP pour mieux comprendre l'enjeu de la politique. J'assista à la BODEGA. Nicolas Sarkhozy devient Président de l'UMP soit le chef des primaires et il deviendra Président de la république. Alors encore pour en savoir plus, je me présenta au Conseil Municipal de Saint gilles et je devins membre du conseil municipal de la commune à 95 voix sur 135 votants. Je parcourais la ville sans permis comme VILLEPINTE qui repeindrait la ville plein de coloris pour donner de l'amour à un pays. Le nord de la France et surtout la marne est une ville froide grise où la neige la pluie et la grêle nous refroidit chaque jours un peu plus.

En2016, après l'urbanisation des zones à risques qui ne correspond qu'à un bloc de béton, la France partisane de la guerre en Syrie ne laisse qu'un Bidonville à la vague des réfugiés syriens en guerre. Pourquoi ?

Le commerce international a toujours été source de conflit et désormais le nouvel Etat : ISRAEL crée beaucoup de perturbation dans le monde arabe. Les Etats Unis ne font que des erreurs de jugement rien que pour spolier les ressources d'ETAT pour le pétrole. Alors des enfants meurent chaques jours. La crise international est en 2016 à son paroxysme. Il y a une réel césure entre l'Europe, les pays occidentaux et le monde arabe. Désormais la France est touché par des attaques très surprenantes. Le Charlie Hebdo, le symbole de la grandeur de la France, sa liberté d'expression. Un Dessinateurs était la cible du Daech pour ses représentations de Mahomed qui choque. Il représenta le prophète Mahomed par une bombe en signe de voile pour représenter tout musulman comme terroriste . En effet, l'islam par ses codes ne réprésente pas ALLAH, sa femme en est la représentation donc elle se voile car Dieu n'a pas de visage. Depuis le 11 septembre, et

l'effondrement des deux
Tours par ben Laden et   Al
Quaida, les occidentaux
sont désormais la cible des
attaques surprenantes du
terrorisme. Après les
erreurs de Bush sur la
guerre en IRAK, puis le
lyban et maintenant la
Syrie. Des villes entières
sont détruites et les
réfugiés, plus 2millions de
syriens en Turquie, fuient
leurs pays. Les immigrés
arabes dans la misère et
l'embrigadement de

Daech, quitte un pays où la puissance politique les opprime. Pendant cette vague d'immigration, des enfants sont morts à même la mer de Grèce. Alors ce vendredi 13 novembre, Daech a frappé Paris : une salle de spectacle, le stade de France et des terrasses de café. Il y eu 350 blessés et 132 morts. La France a fait son silence. Un Etat de guerre et d'urgence nous a tous surpris et heurté notre conscience. La misère de ces peuples nous laisse comprendre qu'il devienne facilement embrigadé par daech pour se préparer à un génocide sans nom en y donnant leur vie. Pourquoi ? Peut être par héroïsme. C'est presque une secte ce n'est plus de la religion. C'est sans foi ni loi. Dans la mesure où il recherche une union, un empire vécu au 7eme siècle. Leur cause est comme perdu et nous sommes heurtés par notre impérialisme. Alors la gouvernance les opprime et les terroristes sont embrigadés dans une volonté de déclarer la guerre à l'Europe. . Au nom d'Allah et de la religion, comme des kamikazes, ils se donnent à présent la mort. Cela ne facilitera pas le melting pot en France. Marine le Pen qui réussit à faire passer la déchéance de nationalité :tout homme ayant une bi nationalité se trouve bannit d'un pays qui ne les a jamais intégré. Les attentats ont touché à la fois l'Europe, les Etats unis et la Russie. Désormais naît des alliances surprenantes entre Poutine et Obama uniquement dans l'œuvre non de moderniser l'Arabie mais négocier le pétrole et prendre la main sur un marché qui devient une source dont plus un autochtone peut se passer, c'est devenu la source indispensable à tous un chacun.

La guerre de Waterloo
découverte en Belgique
retrace bien la haine,
l'attaque au couteau faîtes
à l'Allemagne. Victor Hugo
a retracé par l'honneur de
Napoléon qui s'est battu
lors de cette invasion. La
France juridique, la
République existe depuis
ces faits par le code
Napoléon III.

En suisse, la neutralité
est de mise. La chine y
grave aussi ses Buildings.
Paul Klee par ses collages

ne s'exprime pas trop.
L'art n'y est pas à son
apogée. Il faudrait
retracer l'histoire mais en
une journée je n'y
apprendrais rien. Par
contre, le marché de l'art
se déroule bien à Basel.

En Angleterre, le fils du
Roi se marie et donne en
bague de fiançailles la
bague   de sa mère Diana.
L'Angleterre ne va pas
bien économiquement.
Tout y est chère autant le
chauffage que le pétrole.

La vie y est chère et le prix
de l'euro facilite
l'immigration anglaise à
l'achat de nos plus belles
demeures. Désormais, la
crise ayant atteint son
paroxysme, l'Angleterre a
voté le retrait de l'Europe
par référendum. C 'est le
Brexit. Camerone est
suspendu de sa fonction.
Mais outre, les traités
conclus comme le traité de
Schengen et la
constitution de l'Europe
ne prévoit pas le retrait

d'un Etat et même un des piliers de l'Europe. Alors l'euro ayant entraîné une crise européenne oblige un grand pays a se déchoir de l'Europe.

   L'Angleterre sans titre de noblesse malgré Shakespeare est dur à vivre. C'est un pays ouvrier et on dit des états unis que ce sont des pirates comme le japon pour la chine. C'est en   Angleterre que j'ai fait mon premier voyage   international.

I discover a country like London.   I discover people of all the part of the world. It was a tour of horizon which mark all my life.

En Angleterre, dans les immeubles, il y a 2 portes: celle du riche et celle du pauvre..

 Quel dilemme ! L'écosse réclame son indépendance mais nous savons que la Reine Elisabeth II n'aime que trop son Commonwealth.

L'Afrique est le pays du rubis rouge, du diamant du zaïre, du granit noir et du café.

Ma haine pour l'Afrique s'est dissipée à la rencontre de Méta.

L'Afrique et le moyen orient sont prêts à des attentats toujours plus violents et   surprenants. L'embrigadement des enfants se fait comme une préparation à un génocide sans nom. Nous ne pouvons rien y faire.

Nous essayons de contrer les attaques qui sont de plus en plus effroyables chaques jours.

En effet, l'attaque contre le World Trade center   en 2002 à la mort de germano montre bien la fureur des attaques et le pouvoir du moyen orient face au pétrole par rapport aux autres États. Des milliers de jeunes ados français se font embrigadés pour aller

combattre en Syrie. Ce
fléau ne s'arrêtera jamais.

L'Italie est un beau pays, le pays de mon grand-père que je connais si peu. Florence est une ville magique. Michel ange a tous ses honneurs.

Venise est un coin de paradis et son carnaval. C'est un pays qui reste à explorer. Je n'en parle que si peu la langue. C'est une part de mon sang, ses édifices en pierre, la période de la renaissance et Léonard de Vinci parle par ses œuvres et illuminent mes yeux. Pourtant la Joconde de léonard de Vinci m'inspire comme une reine dans son territoire.

Michel ange a créé sur la ville de Florence en toscane une ville magique en respect des Médicis. Le marbre pour la cathédrale en dôme et le David et l'allée des sculptures impose tout le respect dû à une magie de la pierre

qui par cette unité donne
plaisir aux yeux.

Paris, ville lumière, m'a comblée. C'est une ville magique où je passais le plus claire de mon temps à swinguer. David, Alexina, Xavier et Amélie étaient mes amis, on se retrouvait à faire la fête et on passait de bon moment. C'était super.   On explorait Paris, on partageait nos joies et nos peines. On se redécouvrait. Le jour nous travaillons nos cours et la nuit, c'était un rebondissement. On avait

de beaux jours ensemble.
On passait de bons
moments et on mûrissait.
C'était la grande liberté.
Des aventures d'un soir,
des rencontres inattendus,
une reconnaissance
surprenante. Une marque
de la vie. J'ai partagé les
meilleurs moments et mes
souvenirs me calment de
la torpeur de ce manoir.
Paris je découvre cette
ville, ses boites, ses cafés
et je passe des moments
inoubliables à tel point

que je ne veux pas retourner dans cette ville tellement les souvenirs sont forts et intenses. J'aime cette ville mais je m'y sens bien que Parisienne tellement étrangère. Je découvre des endroits magiques. Mes aventures ne durent qu'une nuit ou presque. Puis ma santé me cause problème après mon échec à Assas. Je reste dans ma chambre plus d'une semaine voyant la mort par une piqûre de morphine. Et la commence les consultations du psy. Depuis ce moment, tout change dans ma vie. Rien ne va plus. Et cet hôpital devient un refuge à mes maux. Ce n'est qu'à présent que je réalise que ma santé va mieux et que je recommence à récupérer mes capacités malgré ce handicap psychique….A présent, petit retour en arrière et

découverte de mon plaisir:
la danse.

Chapitre 2,

la danse, un rêve de Ballet

Dès l'enfance, la danse fut un plaisir. Je gagnais deux médailles d'argent à Puteaux. J'aimais cela. La grâce et la souplesse m'enivrait. Je danse encore maintenant plus en boîte ou dans ma chambre. J'ai un accident de voiture et me brise la clavicule. J'arrête les cours à 13 ans car je ne suis plus apte et cette prof est nul. A 12ans, au ballet, je me prends la tête avec mon professeur et je décide d'arrêter. A paris, je découvre près de chez moi, une école de danse. Mais je ne reprends pas. Je regrette d'avoir arrêté car je perds la souplesse requise. J'aurai pu faire ma vie de ce métier et voilà que je finis à la banque. C'est plus pour la sécurité de l'emploi. La danse est un plaisir.   En boîte de nuit, je dansais jusqu'à l'aube. La danse me plaisait beaucoup. J'aurais passé mon temps à danser et c'est pour cela qu'à chaques fêtes, je pousse mes amis à danser. En boîte, je découvre d'autres musiques pas classique.

A Paris, faute d'avoir rejoint l'école de Danse, je me destine au Hipe. A présent, la danse est

toujours dans mes esprits. Mais c'est vrai que si je

serai resté à Paris, j'en aurais fait mon sport préféré.

La danse est un sport et un art. C'est un plaisir une passion   que je pratique de moins en moins mais qui me procure beaucoup de plaisir. L'arrêt de cet art a vraiment été une connerie de ma part car à Paris, j'aurais vraiment pu en faire mon métier, j'avais las bas tout pour faire.

Le ballet de l'opéra Garnier surtout dans ce palais grandiose fut un plaisir du regard car ce palace est un plaisir des yeux tout comme l'a créé Michel ange à Florence et comme l'a créé Andrea Palladio dans ses Façades à Vizenca.

Les danseuses étoiles passent leur vie à donner un spectacle étonnant. Le ballet du Lac des Cygnes de Balanchine que j'ai vu à l'opéra Garnier, ce soir de Saint valentin fut un immense plaisir pour moi. Ne pas le voir à la télé et cet endroit est magique.

On se rend compte que la danse n'est pas une chose facile, c'est un art et un sport, il demande un effort physique et une bonne santé mentale et un soupçon de génie et de talent. J'avais le talent,

j'avais la grâce mais je n'avais pas l'envie de poursuivre alors que pourtant j'en avais les capacités. C'est bien dommage car j'aurais pu comprendre cela plus tard que ce fut trop tard.

La puissance du geste, la souplesse n'était plus là. Maintenant je me retrouve dans des jobs qui ne me correspondent pas. Il faut vraiment comprendre très jeune ce pourquoi on est fait. Il faut se donner les moyens d'aspirer à nos rêves. Je n'ai pas su persévérer au violon comme à la danse. Mais je sais jouer, je me plais à jouer de beaux morceaux, je danse encore. Donc on se rend compte que ces plaisirs sont devenus une passion que je ne pratique que quand j'en ai réellement l'envie.

A présent, je me rends compte que je devrais plus pratiquer ces passions ce qui me fournirait un certain équilibre.

Redécouverte du plaisir de la danse hier soir à l'opéra de Reims. Les chemins de la danse samedi 17 novembre. Je viens d'avoir 28 ans et me rend compte de cette envie de briller. Europa danse a été créé par Cartier. Il réunit des danseurs de toutes l'Europe, âgé de 16 à 21ans. Il reprend l'histoire de la danse de Louis XIV à nos jours. Ce fut un plaisir une émotion. L'envie de reprendre des cours l'année prochaine au conservatoire.   Ce ballet sans équivoque donnait un goût pour la   danse moderne et classique. On se rend compte que ces danseurs sont des vrais artistes. Il illumine par leur geste quelque chose d'abstrait et la répétition du geste laisse sans voix.

Me donner à mes passions, redécouvrir ses performances, le ballet est pour moi un regain de courage, la danse est la manifestation de mon art. L'envie d'effleurer d'exprimer par son corpo de donner envie par le regard. Ce n'est pas l'envie

d'être une star. C'est
l'envie de se libérer de
tout ce stress et de
devenir ce qui m'attire
vraiment.   Le choix de
l'année prochaine sera de
se fixer de nouveau
objectif, peut être que ce
voyage en Chine et ce
retour à l'enfance me
donneront un regain de
plaisir et une vraie envie
de se donner à un art qui
me plait vraiment.

La danse est pour moi une redécouverte de mon corps. Au plaisir du geste arrive un regain de santé. La pratique d'un art demande en outre du génie mais une croyance à ce que je fais apporte plaisir des yeux. Le beau est une notion bien subjective. Comment redécouvrir, comment se plaire, aimer ce que l'on fait serait un grand pas vers ma recherche d'une spiritualité potentiellement normal. Pourquoi ne pas en avoir fait son métier ? Une réelle histoire d'amour, une vie saine m'aurait peut-être permis de réussir mon avenirs. Je suis un peu à la traîne à présent à 30 ans. Je ne vois que très peu ma famille, ma santé va mieux mais je ne prends pas le cap de commencer la danse ou l'architecture. C'est trop tard. Tout cela il faut se dire que c'est une passion. A présent, je ne sais que faire mais peut - être que mes enfants auront aussi des passions que je pourrais leur enseigner cette amour pour la danse.

CHAPITRE 4:

L'écriture chinoise : un art du dessin

Le choix du chinois fut
une idée de mon père.

Mon amitié pour charlotte
dès mon enfance renforça
mes liens avec mon amie
par l'apprentissage d'une
langue riche et complexe.
Je découvre cette langue à
l'âge de 20ans et j'y met
tous en œuvre. Par la
suite, je découvre que
cette langue développe
mes capacités à dessiner.
François part en chine et à
la chance de visiter la
Corée et par son

photomontage, je découvre la chine en taille réel. C'était super. L'eau très claire, l'architecture, ses buildings et ses pouces pouces me font découvrir un autre monde et je rêve de traverser le continent pour y aller.

Économiquement, c'est le number 1 et le prix du kuai à 2/10 ème l'euro pousse les capitaux et les   usines à se produire en chine.

Le thé et la fleur de jasmin est un voyage dans un autre continent inconnu pour moi.

Les sinogrammes me font découvrir la complexité de la langue qui est si diverse en Asie. Par l'intelligence de ses signes et leur réel calque au réel, je comprends mieux comment les diverses langues que j'ai pratiquées, ont toutes une individualité qui leur est propre.

Le signe de Aimer montre un homme qui se met à ses pieds : xihuan et wo aî ni.

Le signe de la montagne montre trois monts.

L'eau effleure trois goutes d'eau.

Enfin, j'ai une signification à mon prénom violette qui est zi luo lan.

Je découvre la complexité de cette langue et j'arrive tout juste à parler à demie mot.

Il y a 7 langues écrites
pour le même sens,
formant la richesse de
l'Asie.Ce pays est magique.
La Corée est en guerre.
Une ligne imaginaire et un
mur de Berlin sépare la
Corée du nord de la Corée
du sud. C'est un grand
pays au multiple facette
bien   qu'on le critique
car tout y est fabriqué. Les
chinois   sont depuis tout
temps de grand inventeur,
ils ont   inventés la
poudre à canon et le

papier. Désormais en informatique, ils sont leader. C'est vrai que les usines   d'Europe viennent s'installer car la main d'œuvre y est moins chère.

N'empêche que maintenant les chinois profitent et voyagent. Ils prennent du bon temps. Je retracerais mon voyage en chine après ce voyage. La chine est le pays du bronze, de la soie et de la porcelaine. A Beijing, la capitale se   trouve les murailles de Chine, leur dieu est Confucius qui se traduit par le Ying et le Yang, le noir et le blanc, le clair-obscur. Ce sont des personnes très zen. Le show show ressemble tout du lion couplé d'un cheval tigre mais c'est un chien qui est très protecteur des nourrissons.

    La politique de la chine reprend vie. La loi qui interdisait aux femmes d'avoir plus d'un enfant, a disparu. Désormais cette politique a connu des failles. Les femmes voulaient plutôt un garçon donc il y a plus d'homme que de femmes. Il faut en Chine que les enfants financent les retraites de leurs parents. Par conséquent, difficile pour un enfant de financer pour deux parents les retraites.

Alors la règle de l'enfant unique a été supprimé. La Chine reprend vie et liberté. Pour une meilleure croissance et une reprise économique mais aussi par volonté, d'un meilleur équilibre.

En birmanie, une victoire de la liberté et une volonté de la fin de l'oppression a eu le jour avec le gain de l'élection présidentielle par une femme SAN SUU KYI qui après avoir été mis en prison par la junte militaire, au gain d'une première élection, se défend pour mettre un terme à la terreur et redonner à la BIRMANIE sa liberté.

Chapitre 5

LA VIE EST UN LONG CHEMIN, ET MARQUER L'ÉTERNITÉ, C'EST GRANDIR...

A notre époque, nous sortons du Facisme et des guerres effroyables du XXI SIÈCLES.

  A présent, il est difficile de vivre dans la sérénité. L'ISLAMISME SALAFISTE a décidé de semer la terreur en Europe. De nombreux migrants ont fuis la Syrie. De nombreux musulmans francophones sont partis embrigadés par Daech combattre la démocratie. Par ces attaques terroristes nous entrons en guerre de par la dénigration et le racisme et la haine provoquer sur des minorités déjà bien misérables.

A présent, cet guerre que nous provoquons en Syrie est loin et peu nous toucher de plein fouet à chaque instant.

A notre époque, la vie en Europe connais une grande crise,   du chômage et beaucoup de taxes en tout genre. Il devient difficile de se sortir de ce chaos. Les études sont longues et sinueuses. L'escroquerie, l'arnaque et le manque de confiance et donc la méfiance gagne chacun de nous. On ne sait pas ce que sera demain.

Construire une famille,

Trouver l'amour devient froid et insensé par l'usage des réseaux sociaux et de l'internet.

REQUIEM OF MY DREAMS

Donne, donne donne

Un jour tu recevra

Aime, , aime, aime

La vie tu la passera,

Amour d'une nuit, Amour toujours

Naissance, mort, renaissance

Plaisir furtif

Patience d'ange

Clair obscur

Nuit lourd, jour intense

Folie d'espoir

Sagesse de demain

Future d'ivoire

Perle oceane

Drapeaux aux couleurs de
la vie

Brun, blon, roux.

Garçon ou fille

Pareil sentiment

Même accord, même
armes

On sème, on récolte, on
coupe,

Vin jaune, rouge marguerite,

Espoir de te revoir,

Folie d' Absinthe.

Je suis charlot

Mon roi, mon dieu, ma raison d'être

Charb dessign

Charlot charlie hebdo

Une fois pas deux

La mort d'un artiste, un économiste,

un journaliste

L'attentat prévisible et incompris

La peur se surmonte, les larmes nous démontent,

Touché de plein fouet

Par la terreur de l'islam

Regain à toi de santé

Prière à toi

Enfant bénie

The times

Le cycle du temps réveille
l'envie de changement

Passe passe passe

Trace ta route

Meilleur choix

Plaisir douteux

Rancoeurs des néants

Fertil désir

Année amour

Bêtises fatal

Mixité du peuple

Amoureux du jour

Possession vertueuse

Volonté d'être vainqueur

Échec de la mort

Courage de mourir

Amour incident

Solitude de faire

Plaisir sage

Désir de la liste

Kdesign

The design, the creation of human action

Design

Why the modernity destroy the historic creation which deform the nature in order to reflect the modern intention

The practise of art demand a fine inspiration and a real value.

Why the art became a copy or a creation in order to create a new world.

You must became that every civilisation, every country mute but the reflect of art is probably a mistake.

In the past, an artist create a mouvement of his look on the world.

Now, Art is a reflect of a modern value and not of a religious or way of life.

I decid to copy what i like.

Thanks, Xiè xiè, Gracias, Grazie, Merci

Le chant des vignes

En printemps naît le bourgeon

Puis éclore la fleur

Le fruit se colore

L'été nous étouffe

Le soleil brûle

Patience

En septembre, tout sera cueillit

Pousse Pousse

Coule eau de source

Alcool de prestige

Couleur de la grappe

Vignes feuillues

Puissance du marc

Beauté du fût

Patience de la mise en bouche

Bulle d'azote

Explosion en bouche

Bulle d'un sot

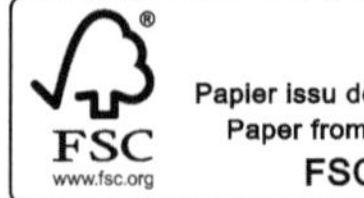